青少年法律绘本系列

最活泼有趣的法律书

马米禁毒记

朴琳琳◎著

中国法制出版社
CHINA LEGAL PUBLISHING HOUSE

亲爱的小朋友们、同学们：

朝阳年华的你们，正天真烂漫快乐地成长，一切都是那么美好。我们爱你们无邪的笑脸，爱你们纯真的声音。我们希望整个社会都给你们爱，害怕可爱的你们受到一点点伤害，因此，我们约请多年从事法律实务工作的儿童文学作家，精心编写了“青少年法律绘本系列”丛书。

本丛书面向青少年，致力于打造“最活泼有趣的法律书”，目前有四部作品：乌米奇遇记、乌米历险记、乌米穿越记和乌米禁毒记，分别以“权利保护”“预防犯罪”“安全自救”“远离毒品”为主题，用生动有趣的童话故事讲解法律知识，故事情节妙趣横生，插图清新活泼，摆脱了以往此类图书的生硬死板，让青少年朋友们在轻松愉快的阅读中学会如何行使合法权利、预防犯罪、保护自己。本丛书可以作为青少年朋友们的课外读物，也可以作为家长指导孩子的亲子读物和教师课堂讲授的教材。

我们衷心期望所有的孩子都能健康快乐地成长！

主人公简介

淘气鬼马米： 五年级小学生，心肠好，乐于助人。

一次偶然的机会被克里斯星总统赋予了变身魔法，成为守护地球青少年的“百变小超人”。

后因任务完成出色，获得拥有神奇魔力的克里斯手环。

依诺： 克里斯星人，身材只有地球人拇指大小。

精通地球的法律知识，力气大得出奇，可以轻而易举地举起一辆汽车。

在他的协助下，马米帮助很多青少年脱离了险境。

目 录

第一集　新白雪公主

初夏的傍晚，刚上完舞蹈课的梦梦轻快地走出少年宫，一阵清风拂来，她笑着的脸上洒满阳光。

“白雪公主话剧演员招募！”梦梦被少年宫门口的海报吸引了。

“啦啦啦——”梦梦情不自禁地踮起脚尖，拉长手臂，想象自己正穿着公主裙在舞台上载歌载舞。

“谢谢！谢谢！”梦梦陶醉其中，不断地向想象中的观众挥手致意。

“想演白雪公主吗？那得先减减肥才行啊！”

一个声音如防空警报般冷不防地拉响，梦梦吓得差点一屁股坐到地上，她扭头一看，这才发现一位身材枯瘦的阿姨不知何时来到了自己身后。

梦梦的脸顿时红了，其实，她的身材只是微胖，可是，她却常常为此感到自卑。

“不过，好在你遇到了我！”瘦阿姨仿佛要泄露天机似的，凑到梦梦近前，小声说：“阿姨有特效减肥药，保你一个月瘦 10 斤！到时候，白雪公主的角色非你莫属！”

“真的吗？”梦梦瞪大眼睛。

“那当然！”瘦

阿姨见四下没人，从兜里掏出了一袋白色小药片，塞到梦梦手里，“这个是进口的特效药，我自己也在吃，这袋算阿姨送你的，效果好的话，再来这里找我！”

“这——”

一路上，梦梦都在做着激烈的思想斗争，虽然瘦阿姨和药片的来历十分可疑，可是变瘦的欲望是那么强烈，她心想：要不，我先吃一片试试吧，少吃点应该不会有问题。

回到家，梦梦径直来到自己的房间，将手中攥着的那袋药片放在了桌面上。

“梦梦，快来吃饭！”妈妈突然敲响梦梦的房门。

梦梦生怕妈妈发现自己的小秘密，慌忙把那袋药片塞进抽屉。可是，她哪里知道，此时，两位隐身人正关注着她的一举一动。

最近，克里斯星球的总统奖励给马米一个克里斯手环，虽然它看起来很像地球上的手表，但却象征着至高无上的荣耀。在克里斯星球，只有真正的英雄才能拥有它。而且，它还有很多神奇的功能！

“也许可以试一试幻影光波！”依诺提议道。

“好嘞！”马米也很想见识一下克里斯手环的厉害，迫不及待地扬起手腕。

此时，梦梦一家正围坐在餐桌旁，一边看着电视，一边享用晚餐。

忽然，客厅里猛地刮起一阵旋风。

“啊，怎么啦？”梦梦惊叫，当她再睁开眼睛时，发现自己竟然离开餐桌，来到了一间陌生的小木屋，小屋内整齐地摆放着七张小床、

七把小椅子，一张小小的圆桌上还有七只小水杯。

梦梦再低头看看自己，天哪！身上的连衣裙竟然变成了公主穿的蓬蓬裙。

爸爸妈妈依旧坐在餐桌旁，爸爸似乎感觉到哪里不太对劲，他放下筷子，喃喃自语道：“怪了，我们刚才明明在看新闻啊，怎么播起动画片了？”

“梦梦，是不是你换台了？”妈妈看向女儿，却发现女儿不见了。

“她，她，她在这儿呢！”爸爸的嘴里发出惊叫。

“哪儿呢？”妈妈被爸爸的喊声震得心里发毛。

“这儿……”爸爸指着电视的手抖个不停。

妈妈使劲扶了扶眼镜，嘴巴越张越大。

阴森的城堡内，王后扭着水蛇腰，趾高气扬地来到魔镜前，“魔镜魔镜，告诉我，谁是世界上最美丽的女人？”

“当然是王后您了！”蹲伏在魔镜上方的猫头鹰一脸谄媚。

王后的嘴角微微上扬，谁知，魔镜却立刻给她泼了一盆冷水，“王后，您很美丽，但是生活在森林里的白雪公主比您更美丽，现在她和七个小矮人正幸福地生活在一起。”

“什么，白雪公主居然还活着！”看着魔镜里白雪公主姣好的面容，王后的眼里简直要喷出火来。

猫头鹰急得眼珠乱转，忽然，他猛地一拍脑袋，“王后，我倒是有个好主意，可以把白雪公主变成丑八怪，让她生不如死！”

“快说！”

“就是让她服用毒品！”猫头鹰说着掏出一袋小药片。

“你是说用毒药毒死她？”王后似乎还不太

了解毒品。

“不，毒药会致人死亡，因此，没有人会迷恋它，而毒品却有很强的成瘾性，会让人产生生理依赖和心理依赖。生理上，一旦停用毒品，吸毒者就会感觉万针刺心、痛不欲生；心理上，因此而产生的依赖更难戒除，人们常说‘一朝吸毒、十年戒毒、终身想毒’，形象地说明了心理依赖的顽固性！”

“哦？”王后示意猫头鹰继续往下说。

“可以说，一旦染上了毒品，就意味着生命开始凋零，它会让人食欲减退、脸颊下陷、精神恍惚、头发脱落，还会染上各种可怕的疾病！您说，这样的人还怎么能和您比美呢？人们看到她，都会觉得恶心！”

伴随着猫头鹰的话语，魔镜中的白雪公主慢慢变成了吸毒成瘾后的样子，只见她牙齿掉光、面容憔悴，瘦得就像一具活僵尸。

“白雪公主，哼，等着瞧！”王后如获至宝，她把自己打扮成老奶奶的模样，快步向森林走去。

另一边，梦梦惊喜地发现，自己居然变成了白雪公主，还来到了七个小矮人的家！她一个劲地东张西望，忍不住摸摸小小的床，又碰碰小小的杯子，觉得十分新奇有趣。

刺啦——，就在梦梦伸出手臂的时候，裙子被撑开了一道口子。

“为什么我变成了白雪公主还是这么多肉呀，烦死了！”梦梦不高兴地噘起了嘴巴。

“别发愁，孩子，我这里有世界上最有效的减肥药，保你一个月瘦 10 斤！”这时，窗外传来一个苍老的声音。

梦梦好奇地推开窗子，看见外面站着一位提着篮子的老奶奶。

老奶奶探头望向屋内，见小屋内没有其他人，便从篮子里掏出一粒药片，递到梦梦面前，“一片就有效果，要不要试一下？到时候，你就是世界上最美丽的女孩儿！”

电视机前的爸爸妈妈可着急了，他们大喊起来，“梦梦，不要吃！那是毒品啊！”

梦梦怔怔地看着药片，丝毫没有听到爸爸妈妈的声音。

“你看看你，身上这么多肉，只有我好心给你药吃，别人只会在心里暗暗嘲笑你胖！”老奶奶故

意发出轻蔑的笑声。

“哼！”梦梦最讨厌别人说自己胖了，索性把手伸了出去。

“梦梦，不能吃！那是毒品啊！”爸爸妈妈急得上蹿下跳，他们使劲拍打着电视机，恨不得冲进去救女儿。如果这时有人看见了这一幕，肯定把他们当成神经病。

此时，梦梦似乎听到了爸爸妈妈的哭喊声。

“这是毒品？”梦梦像看见了炸弹似的，慌忙把手缩了回来。

“你吃也得吃，不吃也得吃！”王后露出狰狞的面目，她猛地摁住梦梦的脑袋，使劲把药片往她嘴里塞。

梦梦拼命挣扎，可是，她哪里是恶毒王后的对手。

“梦梦！”爸爸妈妈绝望地闭上了眼睛，上瘾、染病、死亡……一瞬间，无数可怕的念头排山倒海般涌现在他们的脑海中。

就在这时，新闻联播的声音再次响起。

爸爸妈妈猛地睁开眼睛，发现宝贝女儿正好端端地坐在餐桌旁，仿佛一切都不曾发生过。

一家三口大眼瞪小眼，愣了半晌。

梦梦最先反应过来，她一下子扑到妈妈的怀里，号啕大哭，“妈妈，我差点吃了毒品！”

“不哭，已经没事了！”妈妈抚摸着女儿的头发，安慰道。

“可是，我觉得自己好胖好丑。”梦梦哽咽着。

“梦梦，你善良、健康、活泼，在妈妈的心目中，你就是最美的小公主！”妈妈的眼里满含爱意。

“可是，我还是想瘦一点！”梦梦对妈妈说出了心里话。

“那妈妈以后每天陪你锻炼，我们用健康的方法减肥，怎么样？”妈妈做出跑步的姿势。

“爸爸也陪你一起，我的将军肚也该减减啦！”爸爸拍拍肚皮。

“爸爸妈妈，你们真好！”在爸爸妈妈的爱中，

梦梦觉得自己变成了真正的白雪公主。

接下来的日子里，梦梦每天在爸爸妈妈的陪伴下，登山、跑步，一家三口你追我赶，其乐融融。

三个月后，梦梦穿着华美的公主裙，光彩照人地出现在演出舞台上。她的身材匀称窈窕，舞姿舒展大方，周身散发着无限的活力与朝气。

台下一次又一次地爆发出山呼海啸般的掌声。

“这是我见过的最棒的白雪公主！”观众席上，一个小女孩流露出羡慕的神色。

梦梦的爸爸妈妈相视一笑，握紧了彼此的手。

而另一边，当初引诱梦梦吸食毒品的瘦阿姨被法警带上了法庭。

“被告人王某，你为什么多次诱骗青少年吸毒？”法官问。

“因为我长期吸食毒品，钱都花光了，所以我就以减肥为诱饵，诱骗单纯的女学生吸毒，等她们上瘾后，再将毒品高价卖给她们，这样我就可以用赚来的钱维持自己吸毒的开销。”王某如实供述。

最后，法院判决被告人王某犯贩卖毒品罪、引诱他人吸毒罪，数罪并罚，判处有期徒刑六年，并处没收个人财产人民币五万元。

“任务顺利完成！”马米和依诺击掌庆祝。

什么是毒品呢？

根据《中华人民共和国禁毒法》第2条的规定："本法所称毒品，是指鸦片、海洛因、甲基苯丙胺（冰毒）、吗啡、大麻、可卡因，以及国家规定管制的其他能够使人形成瘾癖的麻醉药品和精神药品。根据医疗、教学、科研的需要，依法可以生产、经营、使用、储存、运输麻醉药品和精神药品。"

毒品有哪些呢？它们长什么样子？

我先来给大家介绍一些传统毒品。

传统毒品是指鸦片、吗啡、大麻等流行于20世纪90年代前的天然类或半合成毒品。传统毒品取材于罂粟（罂粟花：虽然很漂亮却是"万恶之花"，罂粟的茎、叶、花及果实均有毒；罂粟果里

面的汁液可以加工成鸦片，提纯出吗啡和海洛因）、古柯（可卡因就是从古柯叶中提取的，大剂量使用可卡因，可导致心力衰竭甚至死亡）等草本植物，作用于人体大脑，影响中枢神经系统功能，损害吸毒者的身体，导致吸毒者免疫力下降、身体素质降低，最终威胁生命。

罂粟花

鸦片：俗称“大烟”，是罂粟果实中流出的乳液凝结而成的。第一次吸食时会感到头晕目眩、恶心或头痛。长期吸食鸦片，可使人丧失免疫力，极易感染各种疾病。

吗啡：是从鸦片中分离出来的一种生物碱。长期使用会引起精神失常，出现幻

鸦片

觉，过量使用可能出现呼吸衰竭从而导致死亡。

海洛因：俗称“白粉”“白面”，它是在吗啡的基础上研制而成的半合成毒品。一旦吸食，成瘾快，戒断难，依赖性强，对人的生理、心理伤害远远超过鸦片和吗啡，被称为“毒品之王”。

大麻：大麻系列毒品主要有大麻叶、大麻烟、大麻脂和大麻油。长期吸食大麻会对人的身体产生严重损害，如引发意识不清、焦虑、抑郁、狂躁。

常见的传统毒品还有哌替啶（杜冷丁）、可卡因、可待因等。

吸毒又是怎么回事呢？

应用毒品的行为叫作“吸毒”，“吸毒”一词源于百余年前。那时，毒品主要是指鸦片（又称“大烟”），应用方式是把鸦片放在特制的烟枪上点燃吸食，故称之为“吸毒”或“抽大烟”。

现在，毒品的范围扩大了，吸毒的方式也增多了，由原来的烟吸发展为口服、烫吸、鼻嗅、注射等。

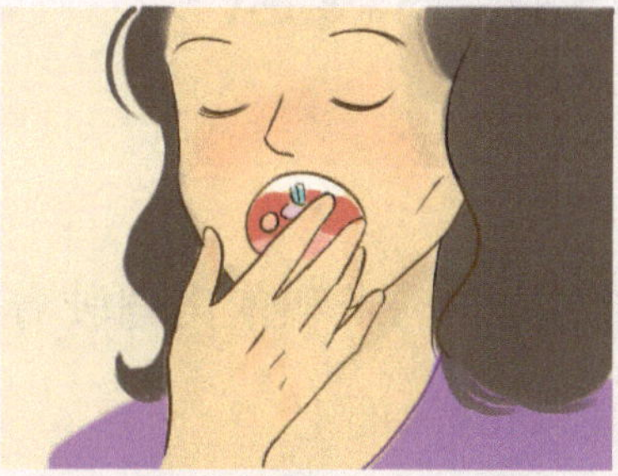
口服

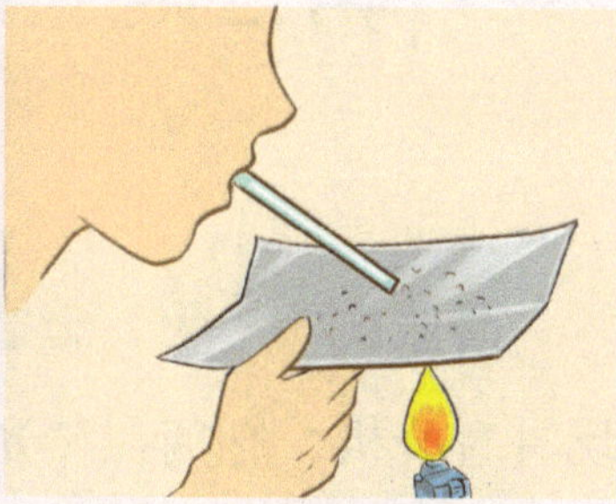
烫吸

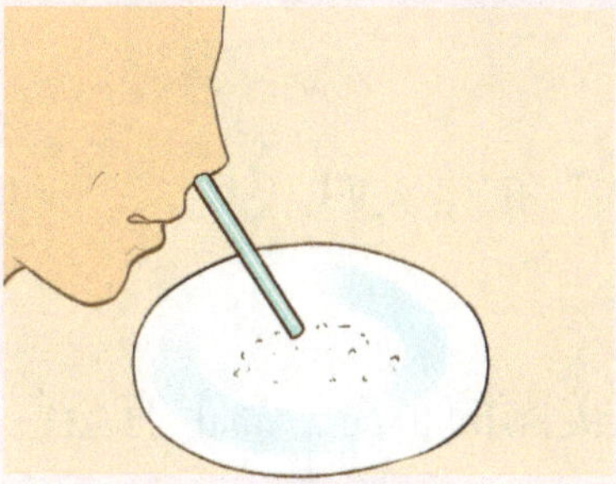
鼻嗅

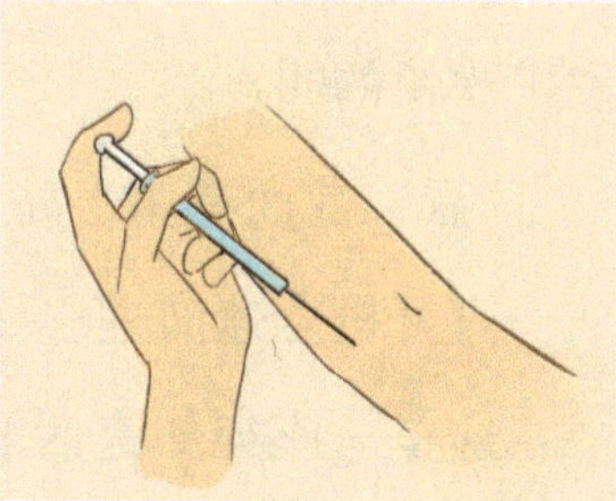
注射

第二集　音乐岛传奇

暑假里的一天，碧空如洗，马米和依诺驾驶着玩具直升机，翱翔在波光粼粼的海面上。

几只海鸥飞了过来，好奇地打量着小直升机，发出欢快的叫声。

“看，前面有座小岛！”依诺大叫。

直升机全速前进。

这是一座宛如童话般美丽的小岛，岛上有金色的沙滩、静谧的丛林、色彩斑斓的房子，还有铺满鹅卵石的蜿蜒小径。

马米将直升机停在一棵大树上，和依诺一起跳出机舱。

街头有人正在比武，马米将身体变回原样，带着依诺挤进了看热闹的人群。

两个膀大腰圆的壮汉分别站在擂台的两端，其中一人手持一把小提琴，另外一人的面前则摆放着一架古筝。

一声哨响，比赛正式开始。

手持小提琴的壮汉摆开架势，专注的演奏起来。霎时间，一首急促有力的乐曲如黄河奔腾般倾泻而出，在音乐的激流中，一只巨龙腾空而起，在半空中张牙舞爪。

另外一个大汉也不甘示弱，将手下的古筝弹得十分带劲，乐声时而低沉，时而高亢。说时迟那时快，一头猛虎从琴弦上一跃而起，腾飞至半空，与巨龙对峙。

马米和依诺的眼珠瞪得都快飞出去了。

巨龙与猛虎在空中展开了激烈的较量，好一场龙虎斗！

随着两个大汉加紧弹奏，乐曲更加激昂有力。

巨龙纵身一跃，扑向猛虎，猛虎灵活地躲闪到一旁，向巨龙反扑……

渐渐地，操纵猛虎的大汉有些力不从心了，豆大的汗珠顺着脸颊直往下淌，手也不听话地抖动起来。

“啪——”随着清脆的一声，古琴的琴弦断了，猛虎随之消失得无影无踪。

巨龙立于半空，威风凛凛。

人群爆发出雷鸣般的掌声。

获胜的大汉高高举起小提琴，向观众致谢。

原来，这座美丽的小岛叫作“音乐岛”，岛上的音乐有着不可思议的魔力。厨师用音乐来指挥锅碗瓢盆，让它们随着音乐的节拍井井有条地运作。老师用音乐来上课，让学生在优美的乐声中学到天文、地理等各方面的知识。农夫用音乐抚慰农作物，让庄稼长得又高又壮。

“这个音乐岛还真是名副其实啊！”要不是亲

眼所见，马米和依诺简直不敢相信。

就在这时，街头出现了一个神情怪异的人，他像“丧尸”那样张着嘴巴，疯狂地扑咬路人。路人吓得四处奔逃。

一位老人躲闪不及，被“丧尸”咬住了额头。

“快放开他！”依诺一下子跳了过去，发起了强有力的反击。

马米趁机将老人救了下来，老人的额头已经被啃去了一大块肉，鲜血直往外涌。

此时，几名警察气喘吁吁地赶到了现场，当他们看到“丧尸”正在和“空气”搏斗时，都露出了惊讶的神色。

“交给你们啦，不用谢！”依诺轻而易举地将“丧尸”制伏，交到警察面前。

警察们这才发现，“空气”竟是一个拇指般大的小人！

正当人们刚刚准备松口气的时候，一名穿着校服的高中生张开双臂，从一栋高楼的房顶跳了下来。

紧接着的，是又一阵尖叫。

说时迟那时快，就在高中生即将触地的瞬间，马米变身成弹力十足的气垫，垫在了高中生身下。

警察们又一次瞠目结舌。

“哈哈，我会飞！”高中生从“垫子”上爬起来，不但没有丝毫害怕，反而继续张着手臂“飞来飞去”。

马米和依诺的义举一时间在音乐岛上好评如潮，这个消息很快就传到了国王的耳朵里。在国王的邀请下，马米和依诺来到了富丽堂皇的宫殿。

国王是一名和马米年纪相仿的男孩子，不过，他看起来忧心忡忡，一点也不快乐。因为最近一段时间，音乐岛上有很多人突然发疯了，像“丧尸”咬人、学生跳楼这类事件每天都会发生，而且还在不断增多。

得知了国王的忧虑后，马米和依诺也暗暗着急，他们都很喜欢这座神奇的小岛，不希望岛上再发生类似的悲剧。

“让我来看看是怎么回事！”马米撸起袖子，亮出克里斯手环，按下“真相复原”按钮。

顿时，空气中出现了许许多多浮动着影像的泡泡，每个泡泡都像演电影一样讲述着一个故事，这些泡泡连在一起，还原了整个事件的真相。

原来，在距离音乐岛不远的地方有一座小岛，因为岛上的人都没有耳朵，所以被称作“无耳岛”。

无耳岛上有一位嫉妒心很重的国王，他嫉妒音乐岛的人有耳朵，嫉妒他们有神奇的音乐，还嫉妒他们过得幸福快乐。无耳岛国王的嫉妒与日俱增，整个人都快被妒火烧着了。

一位大臣看穿了国王的心思，某天，他捧着几样东西，来到了国王面前。

“国王，音乐岛的人太可恶了，我们不如用这些新型毒品来摧毁他们的身心。到时候，我们不仅能赚到大把大把的钞票，音乐岛也将任由我们摆布！”

“新型毒品有这么大的威力？”无耳岛国王通过口型读懂了大臣的话，顿时来了兴致。

“新型毒品的伪装性非常强，很容易让人们上当！而且，它们对身体的危害很大，可以引发各种疾病，还会损伤人脑，导致精神病发作。”

大臣说着，举起一包像海盐一样的东西，“这是‘浴盐’，吸食后，会让人失去理智，陷入幻觉，并且将自己想象成超人，对他人进行攻击和撕咬，因此，也有人叫它‘丧尸浴盐’！”

大臣又拿出一只彩色气球，介绍说：“这只气球里的气体叫‘笑气’（N_2O），它会抑制维生素 B_{12} 的吸收，人体长期缺乏维生素 B_{12}，会出现手脚麻木、四肢无力等症状，严重者甚至瘫痪，一次性吸入过量，可能导致吸食者窒息死亡。”

“还有这些被包装成零食和饮料的毒品，它们看起来和普通的零食、饮料一样，口感、香味也都很相似，欺骗性非常强，而且容易使人上瘾，效果不次于 K 粉、冰毒。”

无耳岛国王满意地点点头，脸上露出了邪恶的笑容。

接下来，无耳岛派出大批毒贩，偷偷潜入音乐

岛的歌厅、酒吧等娱乐场所，诱骗人们吸食新型毒品。音乐岛的人们被新型毒品“无害”的外表所蒙蔽，很多人在好奇心的驱使下做出尝试。

新型毒品迅速蔓延，一系列惊心动魄的事件因此在音乐岛上陆续上演。

一名司机服用新型毒品“神仙水”后精神恍惚，驾驶汽车冲进人群，导致 3 名行人当场死亡，17 名行人被撞伤，4 个摊位被撞毁。

一名高中生在同学的生日聚会上，因服用新型毒品“蓝精灵”，出现抽搐、休克的症状，经抢救无效死亡。

一群初中生吸食新型毒品成瘾后，为了购买毒品，不惜铤而走险，走上了盗窃、抢劫的犯罪道路。

一名少女在喝下被兑入毒品三唑仑的饮料后昏迷不醒，被坏人拐走。

……

音乐岛国王再也看不下去了，当即下令收缴岛上所有的毒品，严惩无耳岛的贩毒人员！

音乐岛的禁毒

令一出，无耳岛的国王可不干了，最近一段时间，他通过向音乐岛贩卖毒品发了一大笔横财。无耳岛国王刚刚尝到甜头，怎么甘心就此罢手？他以要求释放被囚禁的无耳岛商人为由，向音乐岛发起进攻。

与此同时，音乐岛的几位大将军由于受到了毒贩的引诱都吸食了新型毒品，现在他们要么瘫痪在床，要么神志不清，根本没办法领兵打仗。

音乐岛连连败退。

无耳岛乘势而上，几十艘战舰已经开到了音乐岛的近海。

“雷锣部队，出击！”音乐岛国王亲自站到了指挥台上。雷锣是音乐岛上独有的兵器，只要听到这面锣发出的响声，敌人就会头痛欲裂，纷纷溃逃。

然而，无耳岛的士兵没有耳朵，雷锣根本派不上用场！

音乐岛国王急得团团转。

“让我来试试吧！”马米自告奋勇。刚才他一一查看了岛上的军事装备，现在，他的心里已经有了一套完整的作战计划。

音乐岛国王喜上眉梢，立刻任命马米为护国大将军。

马米威风凛凛地走上了指挥台，要知道，他做梦都想当一次大将军呢！

海面上，几十艘庞大的战舰气势汹汹地向前逼进，黑压压的一片十分骇人。

马米表情严肃，他将手一挥，像真正的大将军那样发号施令：“惊水鼓部队，出击！”

“咚咚咚——咚咚咚——”战士们奋力敲起惊水鼓，一时间鼓声震天。

海水听到密集的鼓声，立刻如沸

水般翻涌起来，掀起一波又一波的巨浪。

这下子，无耳岛的战舰可遭殃了，它们像巨浪手中的玩具似的，一会儿被抛上天，一会儿又被扔下海。士兵们的境遇就更不妙了，他们都被战舰甩了出来，下饺子似的，噼里啪啦地掉进了波涛汹涌的大海里。

马米通过望远镜看见了这一幕，他的嘴角扬起一丝微笑，又命令道："引鲨号部队，迅速出击！"

"嘀嘀嗒——嘀嘀嗒——"引鲨号部队的战士们鼓起腮帮子，吹响了手中的号角。

霎时间，海面上出现了上百只张着血盆大口的鲨鱼。

无耳岛的士兵们吓得哭爹喊娘，慌忙四处游窜。他们把吃奶的劲儿都使出来了，速度快得绝对可以打破宇宙游泳记录。

"扬风琴部队，出击！陆战部队，准备！"马米再次发令。

“呼呼呼——呼呼呼——”海岸边响起了扬风琴悦耳的声音。

一阵狂风吹过，沙滩上的细沙漫天飞舞，无耳岛的士兵们刚刚游上岸就被迷住了眼睛，他们一个劲儿地揉眼睛，什么都看不见。

“陆战部队，出击！”马米一声令下，早已潜伏在岸边的战士们冲了出去，轻而易举地俘虏了无耳岛士兵。

无耳岛士兵被打得落花流水，无耳岛国王只好宣布投降，并承诺以后永不进犯。

音乐岛举国上下一片欢腾。音乐岛国王脸上的愁容不见了，他像真正的男孩子那样，光着脚丫跳来跳去。

在此之后，马米和依诺帮助音乐岛国王销毁了岛上的全部毒品。

这座美丽的小岛又恢复了往日的安宁。

新型毒品是什么呢？它们长什么样子？

新型毒品是相对鸦片、海洛因等传统毒品而言的，主要指人工化学合成的致幻剂、兴奋剂类毒品。吸毒者吸食新型毒品后一般会出现幻觉、亢奋、抑郁等精神症状，从而行为失控。

常见新型毒品有哪些呢？

冰毒：即甲基苯丙胺，外观和自然界的冰相似，故俗称为“冰毒”或“冰”。吸食者会产生幻觉和精神分裂症状，大剂量使用将中毒死亡，其成瘾性和毒副作用比海洛因更强，被称为新一代“毒品之王”。

摇头丸：是冰毒的衍生物，外观常像五颜六色的糖豆。因吸毒者在吸食后听到节奏狂放的音乐会不由自主地随音乐摆动头部，故称“摇头丸”。它会使人产生强烈的中枢神经兴奋和精神依赖，对大脑损害严重。

K 粉：即氯胺酮，静脉全麻药，也可用作兽用麻醉剂。外观是白色结晶性粉末，易溶于水，可勾兑进饮料、红酒中服下。服用后会出现幻听、幻觉、幻视等，K 粉对记忆和思维能力将造成严重损害。

三唑仑：又名“海乐神”“酣乐饮”，淡蓝色片剂，是一种强烈的麻醉药品，口服后会迅速使人昏迷晕倒，故俗称“迷药”“蒙汗药”“迷魂药”。可以伴随酒精类饮品共同服用，也可溶于水及各种饮料中。

“奶茶”：这类毒品外形与真正的奶茶粉极度相似，遇水即溶，与各种饮品混合后不会使饮品的原有口味发生改变，甚至香味也无异。此类新型毒品迷惑性很强，毒品效果持续时间较长。主要成分是氯胺酮等，作用与K粉、冰毒相似，使人极度亢奋，容易上瘾。

“开心水”：无味、透明的液态毒品，由冰毒、摇头丸、氯胺酮等毒品混合而成。“开心水”可与任何饮料掺杂在一块儿，看上去都与普通饮料无异。

“跳跳糖”：遇水即溶、即冲即饮，与各种饮品混合后都不会使饮品的原有口味发生变化，甚至香味也无异，且后劲很强，喝一次加了“跳跳糖”的饮品后大脑在两天内都会处在兴奋当中。

“浴盐”：又称“丧尸浴盐”，是一种新型的致幻剂，是卡西酮的高纯度结晶，直接作用于中枢神经

系统。服用“浴盐”后会感觉自己是个巨人，并且刀枪不入，甚至想要啃食他人，与影视剧中的“丧尸”类似。这种新型毒品最恐怖之处在于会让人产生暴力倾向并付诸行动，对周围人群造成极大伤害。

“阿拉伯茶”：学名叫“恰特草”，产于非洲，新鲜采摘的阿拉伯茶外形酷似市场上的苋菜，如果将其晒干，外形又像茶叶，极具迷惑性，很容易被人误服。无论生吃还是磨粉冲服，效果均与海洛因极像，毒效惊人且成瘾性大。

如何辨别伪装成零食的毒品呢？

正规的小食品、饮料的包装上都会标识生产厂家、生产日期、保质期、成分表等信息，而新型毒品尽管在外包装上做了修饰，却往往会忽略这些细节。因此，当看到来历不明的食品时，要提高警惕，尤其不能吃陌生人给的食物，不购买不明厂家的零食。

历史档案

鸦片战争

清朝时期，外国商人为了牟取暴利，将鸦片走私输入中国。中国民众大量吸食鸦片，身心健康受到严重摧残，军队丧失战斗力，亿万两白银如潮水般流出国门。

道光皇帝任命林则徐为钦差大臣，前往广州查禁鸦片。林则徐从各国鸦片贩子处查缴鸦片两万箱，并下令在虎门海滩当众销毁，这一壮举被称为“虎

门销烟”。

英国政府为了保住走私鸦片获得的巨大利润，于 1840 年向中国发动了侵略战争，历史上称为“鸦片战争”。

战事以清政府的失败而告终，中国人民从此开始遭受殖民主义和烟毒的双重摧残。

第三集　敬老院风波

在一个风和日丽的清晨，棒棒糖小学五年级三班的同学们来到了敬老院，他们像一群欢快的小鸟，给这里带来了无限的生机与活力。

伴随着热烈的掌声，慰问演出拉开了序幕。

路可可担任本次演出的主持人，她穿着粉红色的连衣裙，圆圆的脸蛋沐浴着朝霞，像可爱的花仙子一样。

“尊敬的爷爷奶奶，是您们，用青春和汗水创造了现在的美好生活，让我们能够在阳光下茁壮成长，在此，我要代表同学们，向爷爷奶奶说一声：感谢您们！祝愿爷爷奶奶晚年生活幸福美满！”

台下的爷爷奶奶们热泪盈眶，退休之后，他

们远离了工作岗位，渐渐感觉自己被社会遗忘了，而现在，听着孩子们贴心的话语，他们感到由衷的欣慰。

精彩的节目上演了。一群女孩子走上舞台，跳起了民族舞，她们的舞姿活泼轻快，像一群快乐的小天使在自由自在地舞蹈。

爷爷奶奶们对孩子们的演出报以热烈的掌声。

“下一个节目，是由王小虎和吴冬冬带来的相声《新兵蛋子》，掌声欢迎！”路可可报幕。

为了配合演出效果，王小虎和吴冬冬特地穿上了军绿色的迷彩服，头发吹了又吹，还喷了定型胶，活像两棵带刺的仙人掌。

在此之前，王小虎和吴冬冬跟马米打过招呼，让他在自己演出时使劲笑，好给大家带个头。

这下可好，王小虎和吴冬冬一出场，马米就尽职尽责地大笑起来。

王小虎和吴冬冬在台上使劲朝马米挤眼睛，让他先别笑，因为该笑的地方还没到呢！可是，马米笑得太卖力，笑得眼泪都出来了，压根没注意到他们的暗示。

马米哈哈哈地笑个没完，引得观众不再看表演，全对着这个莫名其妙的家伙笑。到了后来，王小虎和吴冬冬也憋不住了，和观众一起捧着肚子哈哈大笑，好像他们的节目是滑稽表演。

其他同学也纷纷登台献艺，演出高潮迭起，掌声一浪高过一浪。

可是，细心的路可可发现，有一位老奶奶似乎

并不开心，她总是对着一张照片偷偷抹眼泪。

“那位老奶奶怎么啦？”路可可来到院长身边，悄悄地问。

“这个就说来话长了！”院长叹了口气，将事情的原委娓娓道来。

这位老奶奶姓孟，原本有着幸福的家庭，她的儿子大伟曾经经营一家公司，生意非常红火。因为有这样一个有出息的儿子，孟奶奶一度成为亲朋好友羡慕的对象。

一天，大伟和生意伙伴一起玩麻将，到后半夜的时候，大家都打起了哈欠。

“来，试试这个，可以提神！”一个朋友递来一根特殊的“香烟”。

“这是什么烟？”大伟问。

“兄弟，放心，里面只加了一点大麻，偶尔吸一次，不会上瘾的！”朋友拍了拍大伟的肩膀。

大伟不想扫了朋友的面子，他相信凭着自己强大的意志力，一定能抵抗住毒品的诱惑，就接过了朋友的“香烟”。

可后来的事情完全超出了大伟的预想，只这一次吸食，他便彻底陷入了毒品的漩涡。慢慢地，大伟越陷越深，大麻的刺激已经不够了，他开始吸食冰毒。

最初，大伟在毒品上的花销并不多。后来，他发现自己越来越难感受到之前的快感，只有不断增加吸毒的剂量，缩短吸毒的间隔时间，才能达到原来的效果。最疯狂的时候，大伟仅一天在毒品上就能花费数千元。

自从吸毒后，大伟的身体渐渐垮了，从原来160斤的体重一下子降到了80多斤，一阵风都能把他吹倒，他常常感到昏昏欲睡、四肢酸痛，完全没有心思再管生意了。短短两三年时间，大伟苦心经营的公司走向破产，而日益增长的毒资让他越来越

入不敷出。到了后来，他甚至去骗去偷，连孟奶奶来之不易的积蓄都不放过。

大伟也曾多次试图戒掉毒品，然而毒瘾就像一种病，毒瘾发作时，身体里有时像有只电钻在钻，有时像有人拿着刀片在割，这种痛苦远远超出了自己的意志能够承受的范围。

就这样，难以言述的痛苦使大伟一次次地屈从于毒瘾。

大伟将自己搭进去了不说，还将曾经幸福的家庭拉入地狱。大伟吸食毒品后性情大变，原本善良温和的他动不动就会发脾气，甚至动手伤人。妻子忍受不了这种提心吊胆的生活，提出了离婚，留下五岁的儿子小宝和孟奶奶相依为命。

一次吸毒后，大伟开始出现被害妄想的症状，在他眼里，到处都是要加害他的恶魔。当时，儿子小宝正蹲在地上玩着玩具，大伟觉得

儿子也是恶魔，要害他，他拿起水果刀毫不留情地朝儿子捅去。

小宝被爸爸的举动吓得呆住了，还没来得及喊叫就倒在了血泊中。

孟奶奶买菜回来，看见眼前的一幕当场晕了过去。当她醒来的时候，儿子大伟因涉嫌故意杀人罪被警察带走了，孙子小宝却永远地离开了人世。

从那以后，孟奶奶就没有笑过，总是捧着孙子

的照片，边看边流泪。

听到这里，路可可心头一酸，眼泪顺着脸颊流了下来。

“呦，这是怎么啦！”马米凑了过来。

路可可抽泣着把孟奶奶的遭遇讲了一遍。

听了路可可的话，马米的鼻子也有些发酸，他转转眼珠，忽然有了主意。

“我有办法让孟奶奶笑，还是大笑特笑的那种！”马米拍着胸脯打包票。

“吹牛！”路可可一点儿都不相信。

看着活泼可爱的孩子们，孟奶奶心里特别不是滋味，她怕影响大家的情绪，悄悄站起身，准备回房间休息。

就在孟奶奶转过身的时候，恍惚间，她似乎看见了一个熟悉的身影，她慌忙戴上眼镜，仔细地看了看，忽然感到浑身的血液直往上涌。

“奶奶！”那身影撒着欢地朝孟奶奶跑来。

孟奶奶踉踉跄跄地往前紧走了几步。

圆圆的小脸，大大的眼睛，小小的嘴巴……

这不正是自己日思夜想的孙子小宝吗！孟奶奶觉得自己好像在做梦。

“奶奶，我好想您呀！”“小宝”一下子扑到了孟奶奶的怀里。

孟奶奶紧紧抱住“小宝”，老泪纵横。

“奶奶，您别哭，哭了就不好看啦！”“小宝”用纸巾帮奶奶擦眼泪。

“嗯，奶奶不哭！”孟奶奶一边笑一边抹眼泪，不过，她的心里还有个大大的问号，“小宝，你是人还是鬼啊？”

“奶奶，您看！我有呼吸，有心跳，有体温，我是人啊！”“小宝”原地转了一圈，证明给奶奶看。

“你不是……已经……不在了吗？”孟奶奶觉得有些蹊跷。

“这个……”马米只能编瞎话了，“奶奶，那次受伤后，我被抢救过来了，我没死！”

“老天保佑啊！”孟奶奶心里一直觉得小宝没

死，因此，她愿意相信这是真的。

“孟奶奶，今天这么开心啊！”院长见到孟奶奶心情陡然好转，感到十分纳闷。

孟奶奶赶紧擦了擦眼泪，激动地说：“院长，您看谁来看我了！”

看着孟奶奶怀里的小男孩，想到孟奶奶能如此开心，一定是因为……院长突然感到一股冷气自脚底蹿上脑门，“这……这是您的孙子小宝？”

“对，就是小宝！”孟奶奶肯定地点点头。

“这——”院长觉得一阵毛骨悚然，他清楚地记得，在办理孟奶奶的入院手续时，家属信息表上明明写着孙子小宝已经去世了呀，上面还有公安机关盖的章呢！

院长的这双眼睛好似火眼金睛一般，连石头也能看进三尺去！马米担心院长会将事情戳

破，他偷偷地给路可可使了个眼色。

路可可也正纳闷呢，此时，看到“小宝”使的眼色，觉得似曾相识。虽然她还不清楚事情的真相，但她感觉到这很有可能是马米搞的鬼。

想到这儿，路可可赶紧小声对院长说：“院长，我们还是别管这个小宝是真是假啦，您看孟奶奶多开心啊！”

院长笑着点点头，向“小宝”和路可可投去赞许的目光。

孟奶奶乐得都合不拢嘴了，以她现在的精神状态，活到 100 岁都没问题！

“捣蛋鬼”马米觉得这次变身特别有意义，他在心里暗暗发誓：“我以后每个月都要变成‘小宝’来看孟奶奶，直到永远！”

危害身心健康　　危害家庭幸福　　危害社会安定

一、毒品危害身心健康

1. 危害身体。毒品会损害我们的呼吸系统、消化系统、生殖系统、心血管系统、神经系统和免疫系统。一旦吸毒成瘾，身体免疫力就会下降，会让我们更易感染肝炎、肺炎等多种疾病。特别是共用注射器注射毒品的行为，极易传播艾滋病。

什么是艾滋病?

艾滋病全称为“获得性免疫缺陷综合征”，由感染艾滋病病毒（HIV 病毒）引起。该病毒攻击人体免疫系统并导致被感染者免疫功能部分或完全丧失，感染此病后，人体易感染各类疾病，并极大概率患恶性肿瘤，病死率较高。

毒品与艾滋病有什么关系呢？

艾滋病的传播途径有三种：第一，母婴传播；第二，性传播；第三，血液传播。

当前越来越多的吸毒者采用静脉注射方式吸毒，导致共用注射器的情况大规模发生，注射器内残留的血液、未经消毒的针头都是艾滋病传播的温床。

例如，王某初中辍学后，受朋友引诱沾染上毒品，后发展至注射吸食。他说：“毒瘾上来以后，我根本顾不得注射器被多少人用过，拿来就用。”因为多次滥用注射器，王某被送至戒毒所时查出已经感染艾滋病病毒。

2. 行为失控。毒品会让人产生幻觉、精神分裂，致使吸毒人员行为举止失控，出现自残、自杀甚至杀人等丧失人性的行为。

3. 死亡率高。吸毒人群的平均寿命较正常人短

10年至15年，有的因感染疾病死亡，有的因吸毒过量死亡，有的因难以忍受毒瘾发作带来的痛苦不惜自伤、自杀。

二、毒品危害家庭幸福

1. 耗尽家财。一个人染上毒品后，毒瘾会越来越大，用于购买毒品的花费也会越来越高。吸毒的费用是个无底洞，普通的工资收入根本不能满足吸毒的需要。即使有一定的经济基础，也只能维持一时，因为毒瘾永远不可能得到满足，结果落得一贫如洗、倾家荡产的下场。

2. 妻离子散。“烟瘾一来人似狼，卖儿卖女不认娘。”很多吸毒者为满足毒瘾不惜遗弃老人、出卖子女，甚至胁迫妻女卖淫以获取毒资，最终妻离子散、家破人亡。

3. 贻害后代。吸毒不仅危害自身健康，还会影响后代的健康，父母吸毒对胎儿发育和孩子成长会

造成严重损害。

三、毒品危害社会安定

1. 给社会经济带来沉重负担。救治吸毒者的各种支出，缉毒、禁毒力量的投入，药物滥用防治工作的开展，都加重了政府的财政负担。我国每年因吸毒造成的直接经济损失达数千亿元，间接损失超过万亿元。

2. 对社会生产力造成破坏。吸毒者在吸毒后大都以追求毒品为第一需要，无意从事生产劳动，不能创造社会财富，即使参加劳动，也极易发生各种事故。我国毒品犯罪高发的西南边境地区就出现过大规模农田荒芜、工厂停工的情况。严酷的事实表明，凡是吸毒严重的地区，劳动生产力都会受到极大的破坏，经济状况也将因此急剧衰退。

3. 败坏社会风气。吸毒的人通常自私、冷漠、精神空虚，毫无自我约束能力，每天都沉溺于毒品之中，腐蚀灵魂，损害身体，危害社会风气。

4. 扰乱社会治安。吸毒与犯罪如同一对孪生兄弟。吸毒者成瘾后很难摆脱毒品，每天平均需要百元甚至千元购买毒品，当自己的资金满足不了需要时，常会因此走上违法犯罪的道路，进行贩毒、诈骗、盗窃、抢劫等犯罪活动，严重危害社会治安。

毒品的危害这么大，吸毒者为什么不戒毒呢？

毒品具有成瘾性，而且非常难戒除。吸毒者为什么不戒毒呢？也许有的青少年会对此产生质疑，我给大家讲两个真实的故事。

有一名年轻医生，接触了很多吸毒者，对他们既憎恨又不解，他认为凡事都能戒断，戒不成是因为毅力不足。他要以身试毒，为他人做出“榜样”。没想到，他吸食毒品后，同样戒不了，成了海洛因的俘虏。最后，他自杀了，留下一句话：“别学我！”

男生小强的父亲和哥哥都是“瘾君子”，为了劝说家人戒毒，他想用“先吸后戒”的办法来证明毒瘾是可以戒掉的。然而，小强失败了，他非但没有帮助家人戒毒，自己也陷了进去，最后和家人先后进了戒毒所。

这些带着血和泪的例子告诉我们：毒品极易成瘾，并极难戒断，我们要吸取他们的教训，始终牢记“拒绝第一口”！

戒毒所能解决吸毒的所有问题吗？

戒毒没有特效药！

目前，采取戒毒措施后复吸的吸毒者依然占大多数。他们虽然有强烈的戒毒愿望，但失败者居多。因为吸毒造成的心理依赖像在人脑里扎了根，即使经过治疗，吸毒者对毒品的心理依赖仍难以完全消除。一些吸毒者刚走出戒毒所回到原来的环境便恢复吸毒，走进“吸毒—戒毒—复吸—戒毒”

的怪圈。“一日吸毒，十年戒毒，终生想毒”，说的就是一旦吸毒，就会反反复复地戒毒，且很难彻底戒掉的现象。

第四集　杀人蜘蛛

一只蜘蛛能改变世界？这件事说破天也没人相信。

毒蜘蛛天狼出生在金三角地区，这里是缅甸、老挝、泰国三国边境接壤的地方，种植着大片娇艳欲滴的罂粟花，是闻名世界的毒品产地。

天狼的外表并不起眼，它全身黑色，身长大约2厘米，但是它分泌的毒液含有剧毒，只要一点点，就可以让人瞬间毙命。不过，天狼并不招惹人类，它的食物主要是昆虫和小型动物。

一天，天狼爬进了一间制毒工厂，散落在地上的白色粉末引起了它的兴趣。

天狼第一次品尝了“毒品之王”海洛因，感觉整个世界都飘了起来。它迷恋上了这种感觉。

这天，天狼又一次来到这间制毒工厂，它轻车熟路地爬进一个包装箱，寻找它越来越离不开的白色粉末。

突然，一双大手出现在箱子的上方，紧接着，手的主人用胶带把箱子封了起来。

成千上万人的命运，从这一刻起，开始改变。

天狼和这箱毒品一起被偷渡到了中国境内。

中国是世界上禁毒力度最大的国家之一，对走私、制造、运输、贩卖毒品等违法犯罪活动有着极其严厉的处罚。

当天狼重获自由的时候，箱子里的毒品已经被毒贩们秘密转移了。

和吸毒成瘾的人类一样，天狼在得不到毒品的时候，浑身难受得死去活来，仿佛坠入了痛苦无边的地狱。

天狼有着超级敏锐的嗅觉，在来来往往的人

群中，各种各样的气味里，它很快就发现了自己的目标。

三年前，老王患上了感冒并出现咳嗽症状，在朋友的介绍下，他开始服用止咳水。每天三瓶止咳水下去，老王不仅觉得身体很舒服，心情似乎也变好了。

咳嗽好了以后，老王发觉自己离不开这个药了，每天不喝上个四五瓶，整个人就打不起精神。

原来，老王喝的止咳水中含有可待因成分。可待因是一种存在于罂粟中的生物碱，有止痛、止咳和止泻的功效，长期服用会使人上瘾。可以说，一旦滥用，这种止咳水就变成了毒品。

因为长期滥用止咳水，老王三年来花掉了近百万元，身体的钙质大量流失，还出现了手抖、抽搐等症状。可是，老王就是离不开这个药，连出门遛弯儿都要随身带着。

这天，老王又从朋友那里买了十来瓶止咳水，一回到家就迫不及待地拧开了一瓶。

天狼循着气味，来到了老王的家。天狼本来是奔着止咳水来的，可是，当老王喝下了一瓶止咳水后，它闻到了一股诱人的血腥味，那种味道比单纯的毒品更具诱惑力。

天狼放弃了袋子里的止咳水，直奔老王而来。它悄悄爬进老王的裤管，第一次将毒素注入了人类的体内。

老王还没明白是怎么回事，就永远地离开了这个

世界，他的手里还紧紧握着一瓶刚喝完的止咳水。

天狼大口地吞咽着老王的鲜血，在人类血液的滋养下，它的身体不断膨胀，颜色也从不起眼的黑色变成了耀眼的血红色。

天狼成了一只嗜血蜘蛛，不，确切地说，是杀人蜘蛛！

一宗宗悲剧接连上演。

当天夜里 12 点，又有一人离奇死亡，死者是酒吧的一名女服务员。

在短短一个星期里，这座城市共有 36 人离奇死亡。

新闻里，每天都有来自各个死亡现场的报道，一时间人心惶惶，防盗门、防盗纱窗、自卫工具迅速脱销。

警局出动全部警力 24 小时严防死守，然而，每天离奇死亡的人数依旧有增无减。

这起发生在樱花市的连环杀人大案轰动了全

世界。国内外顶尖的法医专家纷纷赶来，经过一番检测，他们发现死者均在死亡前使用过毒品，但是致死的原因并非毒品，而是一种昆虫的毒液。

专家得出结论，连环杀人案的幕后凶手是一种新型毒虫，而不知出于何种原因，毒虫攻击的目标均为吸毒人员。

从未沾染过毒品的人们终于松了口气，吸毒者则惶惶不可终日，在死神的逼迫下，他们痛下决心远离毒品。平日里人们避之唯恐不及的戒毒所如今空位难求，各种让人眼花缭乱的戒毒产品被迅速推向市场，有的吸毒人员干脆让家人把自己捆起来，防止毒瘾发作时再触碰毒品。

一时间，樱花市的吸毒人员数量锐减，毒品也因为无人问津而价格暴跌。以前，缉毒警察们每天都在生死线上与毒贩们斗智斗勇，而现在，毒贩们因为赚不到钱，要么金盆洗手，要么“转战”到其他城市，樱花市的禁毒工作如得神助。

有人甚至猜测，这种毒虫是政府为了禁绝毒品

而研制的新型武器。

现在的天狼，身体圆鼓鼓的，身长已经达到了10厘米，活像一个血红色的小馒头。

在某案发现场，有人用相机捕捉到了正在大快朵颐的天狼。

天狼的照片在网络上迅速传播，震惊全球的杀人凶手终于浮出水面。

课堂上，班主任杨老师正在写着板书，全班鸦雀无声。

王小虎忽然想起妈妈的叮嘱，他打开书包，从里面摸出一盒药。

一个神秘的黑影，悄无声息地从窗外爬了进来，在孩子们的桌椅下方穿行而过。

王小虎打开了药盒。

神秘黑影迅速向他靠近。

“哔——”克里斯手环最先发现了异样，发出尖锐的报警声。

“是谁？我说过多少次了，不许在上课时使用电子产品！”杨老师突然转过身，目光咄咄逼人。

“是谁啊？”同学们转动着小脑瓜四下张望。

王小虎停下了手上的动作，也好奇地张望着。

马米顾不上那么多了，因为克里斯手环的报警声告诉他，有人正处于危险之中！马米低头瞄了一眼克里斯手环，发现警情就在自己的身边，他顺着克里斯手环定位的方向看去，只见一只血红色的大蜘蛛正顺着王小虎的裤脚往上爬。

是杀人蜘蛛天狼！马米在网络上看过它的照片。

“老师，马米戴了电子手环！”吴冬冬站起身，得意扬扬地向老师报告。

全班的目光都聚焦在马米身上。

马米却一脸焦急，对着王小虎喊道：“小虎，小心！天狼在你的腿上！”

“马米！”杨老师的眉头打成了一个结，以为马米又在胡闹，她无论如何也不相信天狼会出现在自己班上。

同学们幸灾乐祸，以为这回又有好戏看了，可是，他们还是忍不住探出头，朝王小虎身上看去。

一只巨大的血红色蜘蛛出现在大家的视线里。

尖叫声如海啸般瞬间将教室淹没。

王小虎吓得筛糠似的抖成一团。

“快把你手里的东西扔掉！”依诺大喊，他意识到天狼之所以奔向王小虎，很可能是因为他身上有毒品。

王小虎慌忙把药扔了出去，不偏不倚，正好扔到了吴冬冬的课桌上。

果然，天狼放弃了王小虎，直奔吴冬冬而去。

“吴冬冬，快把药扔到门外！”依诺喊道。

“对，快往外扔！”杨老师赶紧打开教室门。

别看吴冬冬平日里神气活现的，可是到了关键时刻，却像被施了定身法，吓得一动都不敢动了。

眼看着天狼已经蹿上了吴冬冬的鞋面，马米飞快地来到吴冬冬身前，把药扔向教室门外。

天狼顿时对吴冬冬失去了兴趣，它的爬行速度极快，眨眼的工夫就从教室里消失了。

吴冬冬仍旧像木头桩子似的一动也不动，只能用眼神向马米表示感谢。

“你真了不起！”同学们纷纷向马米投来敬佩的目光，像看大英雄似的。

“小事一桩！”还没等马米答话，依诺就在马米的头发里嚷了起来，毫不客气地把大家的敬意照单全收。

五分钟后，警察赶到了，他们迅速对教学楼展开了地毯式搜索。

一无所获。

“天狼为什么会出现在这里，你们有学生吸毒吗？”一位像明星一样帅气的警官问校长。

“刚才有一名学生准备吃药，天狼就来了。”校长如实回答。

“估计是药有问题。走，带我去看看！”帅警官跟着校长来到了五年级三班。

王小虎的药正安静地躺在教室门口，帅警官把它捡了起来。

“小心天狼再回来！”校长担心地说。

“求之不得！”为了捉住这只杀人蜘蛛，帅警官和同事们足足有一个月没回过家了。

“警官，请问药有问题吗？”杨老师着急地问。

“这个药在市面上叫作‘聪明药’，

很多商家声称服用后能提高学习成绩。实际上，这种药的主要作用是醒神、提高注意力，它并不能让人变聪明，相反，还可能引起头痛、呕吐等多种副作用，而且具有很强的成瘾性，如果使用不当，就相当于服用毒品。”

帅警官的回答让师生们瞠目结舌。

“警官，请问还有什么药不能随便吃啊？”校长要对师生们的人身安全负责，故追问道。

“俗话说‘是药三分毒’，毒品与药品往往仅有一步之遥。很多药含有精神活性物质，比如一些帮助睡眠的药、止痛药、止咳药，还有减肥药等，这些药物使用不当就会让人产生依赖，危害不亚于毒品！”

当天，樱花市政府紧急发布了一则公告：鉴于本市频频出现药物滥用的事件，请市民朋友们在使用药物的时候一定要谨遵医嘱，千万不可以加量或长期使用。

如果没有医生开的处方，请勿自作主张购买和使用药物。请市民朋友们千万慎重！

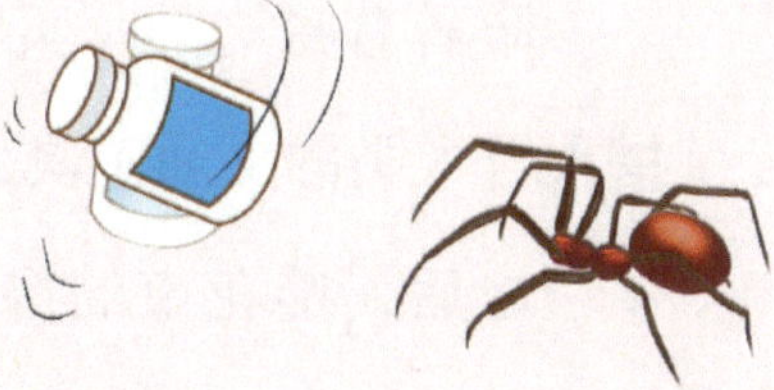

从此，樱花市的市民们不仅注意防范毒品，也开始谨慎对待身边的药物。

眼看着身边的“美味”越来越少，毒蜘蛛天狼搭乘着人类的交通工具，开启了环球捕猎之旅。

之后，樱花市的惨案在不同的城市相继上演，全球的吸毒人员数量锐减，越来越多的禁毒部门相继关闭。

一个无毒的世界正向我们敞开大门。

毒蜘蛛天狼“功不可没”。

吸毒有哪些原因呢?

1. 好奇。有的人看到周围的朋友吞云吐雾，就想试试吸毒的滋味，便不顾后果去尝试，最终误入歧途。

2. 盲目自信。很多吸毒者在吸毒前，都不相信自己会因上瘾而无法戒除毒品，他们觉得自己什么都不怕，还怕毒品吗？于是便尝试了，但是等到成瘾后，他们才发现已经戒不掉了。

3. 交友不慎。一些青少年不能分辨朋友的好坏，

只是因为觉得和对方在一起开心或者对方对自己好，就视其为好友，根本不管对方的品行如何。而往往就是某些“好友”，将不少青少年推进了毒品的深渊。

4. 出入人员复杂的场所。很多青少年被酒吧或者迪厅的氛围吸引，觉得很好玩，殊不知这些场所的人员很复杂，有一些居心不良的人潜藏其中，伺机对青少年下“毒”手。

5. 错误地认为吸毒是一种时尚。现在的毒品大多色彩鲜艳，包装精美，形状各异，加之有的人认为新型毒品不是毒品，吃了以后没有多大危害，为了追求“个性”“时尚”，就开始尝试着吸毒。

6. 受毒贩引诱。毒贩为了获取暴利，会千方百计引诱他人吸毒。比如，将毒品放入香烟或者饮料等食品中，并以“吸一次不会上瘾”“吸毒可以减肥”“好玩”“刺激”等谎言引诱人们吸毒。

7. 药物成瘾。因疾病治疗，长期服用某种产生依赖性的药物而成瘾，如滥用某些镇静催眠类药物等。

什么是“国际禁毒日”呢？

1987年6月，联合国在奥地利首都维也纳召开了麻醉品滥用和非法贩运问题部长级会议。会议提出了“爱生命，不吸毒”的口号，与会代表通过决议，确定将每年的6月26日定为“国际禁毒日”，号召世界各国团结一致，共同抵御毒品。

小游戏

小读者们找一找哪些是健康的生活方式，哪些是不健康的生活方式呢？

打篮球

喝酒

弹钢琴

画画

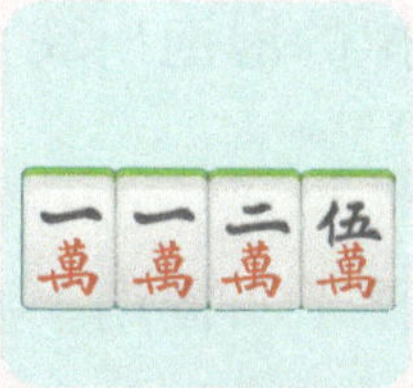

打麻将

吸烟

去歌厅唱歌

看书

打游戏

第五集　好朋友贩卖机

周末，在一家新开业的“鬼屋”门口，马米和依诺看到了一个奇怪的女孩子，只见她正冲着手里的布娃娃大发脾气。

马米悄悄按下了克里斯手环的“真相复原”按钮，一颗浮动着影像的泡泡出现在空气中，缓缓飘落在马米的手掌上。

原来，这个女孩子叫糖糖，她有一个从小玩到大的好朋友小静。可是，上了初中以后，随着课业负担的加重，两人对一些事情的看法出现了分歧。

就拿今天来说吧，糖糖很想到新开业的“鬼屋”玩，小静却说快期末考试了，要抓紧时间复习功课，等放暑假再去也不迟。

糖糖赌气一个人来玩，可是，到了“鬼屋”门口，听到里面恐怖的怪叫声，她又不敢进去了。

看着别人都是欢天喜地结伴而来，只有自己是孤零零的一个人，糖糖又气又恼，便对着布娃娃发起了脾气。

“臭小静！我不要和你做朋友了！你总是不陪我玩，气死我了！”糖糖又猛挥几拳，把布娃娃的脸打得都凹进去了。

“我觉得我们应该帮帮她，让她找到真正的朋友！”马米小声对依诺说。

依诺想出了一个点子，与马米耳语了一阵。

马米连连点头。

糖糖对着布娃娃发泄了一阵，感觉有些口渴，她朝左右看了看，发现自己的身边有一台自动贩卖机。

“刚才这里好像什么都没有啊！”糖糖疑惑地站起身，好奇地打量着这台贩卖机，只见它贩卖的东西有些特别，居然是各式各样的人偶！

“你好，还在为没有好朋友而烦恼吗？”

贩卖机突然出声，把糖糖吓了一跳。

“这里有各种款式的好朋友，快来挑一个吧！”贩卖机继续说道。

糖糖觉得十分不可思议，她瞪圆了眼睛，仔细打量贩卖机里的人偶，这才发现每个人偶下方都有一行说明，只见一个戴眼镜的人偶下方写着：乖巧、懂事、学霸。

“这不就是小静嘛！我才不要呢！”糖糖朝眼镜人偶翻了个白眼，看向另一个留着长直发的漂亮人偶，不禁皱起眉头，“我不喜欢漂亮的女孩，和她们在一起，风头都被她们抢走了！”

一个短发女孩的人偶引起了糖糖的注意，只见她身材纤细，衣着打扮入时，一副什么都不在乎的神情。

“喜欢新鲜、喜欢热闹、喜欢冒险。”糖糖读着说明上的文字，在心里惊叫道：天哪，这就是我想要的朋友！

“小客人，只要投入五元钱，你选中的好朋友就可以和你一起玩了！”贩卖机像是猜到了糖糖的心思似的。

糖糖太喜欢短发人偶了，她决定试一下。

一番操作后，短发人偶从出口处滑了出来，就在到达出口的瞬间，短发人偶就像被施了魔法一样，开

始变大，一会儿的工夫就变成了和糖糖差不多高的活生生的女孩。

糖糖看得目瞪口呆。

“好朋友你好，我叫飞儿，你呢？”短发女孩歪着头朝糖糖眨眼睛。

“我，我叫糖糖，你，你是人吗？”糖糖的舌头都不好使了。

“当然啦！”飞儿潇洒地撩了一下头发。

“可是，你，你刚刚还在贩卖机里。”

“不，贩卖机只是把我送到你的身边，其实我是真正的人，和你一样！”

糖糖吐了吐舌头，表示难以置信，她试探地问道：“你愿意陪我去鬼屋玩吗？”

“当然啦，我们是好朋友，好朋友就是要让对方开心啊！”

飞儿的话让糖糖很感动，她觉得自己果然没有选错。

飞儿不仅对朋友好，出手也很大方，她主动买

了两个人的门票。

“我以后只和飞儿好，再也不理臭小静了！”糖糖在心里对自己说。

“鬼屋”里灯光昏暗，到处都是阴森恐怖的场景，还伴有若隐若现的哭泣声、怪叫声，让人头皮发麻。

忽然，一颗血淋淋的人头擦着糖糖的头皮飞过。

糖糖打了个哆嗦，不由自主地躲到飞儿身后。

就在这时，飞儿慢慢回过头，她的眼睛里只剩下眼白，声音低沉地说：“其实，我是鬼——”

“啊——”糖糖尖叫一声，转身就跑。

“嘿，站住！我逗你玩呢！”飞儿追了出来，发现糖糖的裤子湿了一大片。

糖糖有些不好意思：“刚才，我吓得尿裤子啦！”

“哈哈！”两人一起开心地大笑起来，仿佛为勇闯“鬼屋”而丢脸根本不算什么。

糖糖觉得和飞儿在一起玩得很过瘾，她喜欢这种感觉。

飞儿陪糖糖到洗手间用烘干机烘干了裤子，然后提议带糖糖去一个好玩的地方。

“好啊！”糖糖满心欢喜。

飞儿带着糖糖来到了一间歌厅的包房，房间内，音乐嘈杂震耳，七八名少男少女随着音乐摇摆着身体。

“一起来啊！”飞儿拉着糖糖加入了这群少男少女。

糖糖开始还有点不好意思，渐渐地，她被疯狂地气氛感染了，也旁若无人地舞动起来。

玩到高兴的时候，有人提议“索K”（吸食K粉）助助兴。紧接着，糖糖看见这群少男少女趴在桌上，用鼻子吸食一种白色粉末，不一会儿，他们就像中了邪一样，傻傻发笑。

“要不要试一下，很好玩的！”飞儿从朋友那里拿来了一包白色粉末，怂恿糖糖尝试一下。

看着大家吸食白色粉末就像喝饮料一样平常，好奇心就像小猫的爪子一样挠着糖糖的心。

在躁动音乐的刺激下，糖糖第一次尝试了K粉，吸食后她觉得头晕目眩、站立不稳，有种想呕吐的感觉。

接下来的日子里，为了能同新朋友打成一片，糖糖一直没有拒绝飞儿的邀请，几次之后，糖糖由最初的吸食后感觉不舒服变成了不吸就不舒服。

开朗阳光的糖糖不见了，白色粉末让她变得脸色惨白，精神萎靡，学习成绩直线下降。

糖糖慢慢意识到自己吸食的是毒品，有好几

次，她都下定决心再也不去碰 K 粉，但没隔几天，飞儿和那群少男少女又会找上门“带她玩”。

糖糖抵御不住毒品的诱惑，她的毒瘾越来越大。而这时，飞儿却像变了个人似的，她提出不再无偿为糖糖提供毒品，如果想免费吸，就要帮她贩卖毒品。

糖糖这才知道，这个所谓的好朋友原来是一名毒贩。糖糖感觉被骗了，她本能地想抗拒，可是此时的她已经完全被毒瘾控制了身心。为了得到毒品，她不得不走上了“以贩养吸”的道路。

一次，糖糖在向客人贩卖毒品时被警方当场抓获。

“警察叔叔，我知道错了，我一分钟都不想在这里待，求求你们放我出去吧！”糖糖以为自己是个孩子，而且贩卖毒品的数量又不大，只要承认错误就没事了。

然而，警察叔叔告诉糖糖，按照法律

规定，她已经年满14周岁，要对贩卖毒品的行为承担刑事责任，而且，贩卖毒品，无论数量多少，都应当追究刑事责任，予以刑事处罚。

一夜之间，糖糖的爸爸妈妈头发全白了，他们不敢相信女儿会吸毒，更不敢相信女儿会走上犯罪的道路。

人生最美丽的年华，糖糖却要在高墙内度过，她痛恨把自己送到这一步的飞儿，更痛恨识人不清的自己。飞儿给她带来的是一时的快乐，却留下了一世的痛苦。

糖糖整日以泪洗面，她想念爸爸妈妈，想念平静的校园生活，想念乖巧懂事的小静。

“糖糖，我们抓紧时间复习功课吧！”小静甜美的声音时常回荡在糖糖的脑海中。

“如果那时我能听她的劝告该有多好！”糖糖不止一次地想。

可是，这一次，糖糖听见了一个声音，一个真

真切切的声音！

糖糖飞快地用袖子擦掉眼角的泪水，抬头一看，只见小静正笑眯眯地看着自己，她的背后是那间新开业的“鬼屋”，而自己的手中还捧着那只脸被打得凹进去的布娃娃！

“真服了你了，在这么吵的地方都能睡着！”小静的笑容还是那么纯净美好。

原来，一切只是一场梦！

“小静！”糖糖不顾一切地冲上去，紧紧地抱住自己的好朋友，悔恨和欢喜的泪水交织在一起，如大雨滂沱般打湿了小静的衣衫。

“喂，快松开，我要被勒死了！”小静并不知道发生了什么，觉得有点莫名其妙。

“不松！就不松！”糖糖的架势就像抱着一件稀世珍宝。

“你不是要去鬼屋吗？我可是特地来陪你的哦！”

“不，我要你对我说，糖糖，我们抓紧时间复习功课吧！”

“啊？糖糖，你没事吧！”

“快说，快说啊！”

“糖糖，我们抓紧时间复习功课吧！”

“好的好的好的！”

“呦，太阳从西边出来啦！”

“太阳呀，以后天天从西边出来！”

……

看着糖糖和小静手拉着手离开的背影，马米和依诺会心一笑。

“马米，你也该复习功课啦！”依诺打趣道，他本来以为马米会找出一万个理由搪塞自己，没想到，马米居然打了个立正，一本正经地说：“是！”

看来，经历了今天的事情，马米似乎也长大了。

如何远离毒品呢？

1. 不要出入人员复杂的场所。歌厅、酒吧、迪厅、游戏厅等娱乐性场所，是毒品犯罪的多发地，所以我们一定要提高警惕，拒绝去这种高危场所。

2. 不要滥用药品。在生活中，过量服用某些药物也会上瘾，如减肥药、兴奋药、镇静药等。因此，在用药时，我们一定要听从医生的指导，科学用药。

3. 慎重交友。调查显示，大多数吸毒人员是在“朋友”的影响下坠入毒品深渊的。为此，要想终生免受毒品侵害，重要的一条就是要慎重交友，并时时保持警惕，不结交有吸毒、贩毒行为的人。要记住：朋友有真假之分，如果有人拿着毒品请你免费品尝，他就一定不是你的朋友，而是别有用心的人。

4. 不要盲目从众，追求“时髦”。要明确吸毒是违法行为，避免被坏人引诱。

5. 远离烟酒。烟酒虽然没有受到国家法律禁止，但其具有一定的成瘾性，是离我们最近的成瘾性物质。经常吸烟的人很容易放松对毒品的警惕，认为吸毒像吸烟一样“无危害”，试一试也无妨，从而走上吸毒的道路，可以说，烟酒是毒品的“入门药”。因此，远离毒品的第一步，就是远离烟酒。

6. 不要尝试第一口。很多青少年走上吸毒之路，是因为听说一次不会上瘾而进行了第一次吸毒，实际上，所有的毒品都有成瘾性，而且非常难戒除。因此，远离毒品最重要和最有效的措施就是不要尝试第一口，要记住，毒品这东西，一次都不能试，正所谓“吸毒一口，掉入虎口”！

7. 不要相信毒品能治病的谎言，吸毒摧残身体，根本不可能治病。

警句

躲避毒品，是人生的强者；吸毒成瘾，是人生的懦夫。

如何拒毒更合适呢？

1. 直截了当法。当处于公共场合或者比较安全的区域时，我们可以直接地拒绝引诱，或者向身边人求助。

2. 金蝉脱壳法。情况若不许可，或者受到威逼利诱，可以找借口婉转拒绝：“我肚子痛，要去厕所。”然后找机会溜之大吉。

3. 秘密报案法。如果实在无法脱身，趁人不注意时，偷偷告诉你信赖的人，或者拨打 110，警察叔叔会迅速给予你帮助。

4. 及时告知家长法。当毒贩、毒友逼你吸毒并威胁你，不许你告诉家人和老师，否则就要对你或你的家人下手时，一定不要被他们吓住，要第一时间告诉爸爸妈妈或者老师。

小游戏

找一找，哪个人可以做你的好朋友？

知晓法律

一、我国《刑法》规定的毒品犯罪

1. 走私、贩卖、运输、制造毒品罪

2. 非法持有毒品罪；

3. 包庇毒品犯罪分子罪；

4. 窝藏、转移、隐瞒毒品、毒赃罪；

5. 非法生产、买卖、运输制毒物品、走私制毒物品罪；

6. 非法种植毒品原植物罪；

7. 非法买卖、运输、携带、持有毒品原植物种子、幼苗罪；

8. 引诱、教唆、欺骗他人吸毒罪；

9. 强迫他人吸毒罪；

10. 容留他人吸毒罪；

11. 非法提供麻醉药品、精神药品罪。

二、这些误区要破除

1. 吸食、注射毒品不违法？错！

吸毒不仅是对自身身心健康的危害，而且危害社会，影响社会秩序，因此，在我国被认定为违法行为。

根据《治安管理处罚法》的规定，对吸食、注射毒品的行为，处 10 日以上 15 日以下拘留，可以并处 2000 元以下罚款；情节较轻的，处 5 日以下拘留或者 500 元以下罚款。《禁毒法》规定，吸毒人员主动到公安机关登记或者到有资质的医疗机构接受戒毒治疗的，不予处罚。

2. 未成年人贩毒不会被追究责任？错！

已满 14 周岁不满 16 周岁的人，犯故意杀人、故意伤害致人重伤或者死亡、强奸、抢劫、贩卖毒品、放火、爆炸、投放危险物质罪的，应当负刑事责任。已满 16 周岁的人对所犯的所有罪承担刑事责任。

3. 帮别人运输毒品不违法？错！

运输毒品罪，是指明知是毒品而采用携带、邮

寄、利用他人或者使用交通工具运送毒品的行为。

案例：张某（16 周岁）被朋友以介绍工作为名骗至云南，在他人胁迫下，以体内藏毒的方式将毒品从云南运输至南京，运输途中被公安机关查获。法院经审理认定，张某以体内藏毒的方式运输毒品 345 克，犯运输毒品罪，判处有期徒刑 5 年。

4. 走私、贩卖、运输、制造毒品，只要数量少，就不违法？错！

根据《刑法》规定，走私、贩卖、运输、制造毒品，无论数量多少，都应当追究刑事责任，予以刑事处罚。

5. 为他人吸毒提供场所不违法？错！

《禁毒法》规定，容留他人吸食、注射毒品或者介绍买卖毒品，构成犯罪的，依法追究刑事责任；尚不构成犯罪的，由公安机关处以 10 日以上 15 日以下拘留，可以并处 3000 元以下罚款；情节较轻的，处 5 日以下拘留或者 500 元以下罚款。

案例：16 岁女孩李某在某市的一间出租屋内，

和两名女同学一起吸食冰毒，两天后，李某再次和二人一起在其出租屋内吸食毒品。法院经审理认定，李某犯容留他人吸毒罪，判处有期徒刑6个月，并处罚金1000元。

6. 种植罂粟观赏不违法？错！

罂粟是制造鸦片、吗啡等毒品的原植物，国家对罂粟种植实行严格管制，只批准在限定区域内种植用于医疗的罂粟。对种植500株以上的，或经公安机关处理后又种植的，或抗拒铲除的，要依法追究刑事责任。对少量种植，在成熟前自行铲除的，不予处罚。

7. 强迫他人吸毒不违法？错！

根据《刑法》规定，强迫他人吸食、注射毒品的，处3年以上10年以下有期徒刑，并处罚金。

引诱、教唆、欺骗或者强迫未成年人吸食、注射毒品的，从重处罚。

8. 持有毒品不违法？错！

《禁毒法》规定，非法持有毒品，构成犯罪的，

依法追究刑事责任；尚不构成犯罪的，依法给予治安管理处罚。

案例：小美（17 岁）因交友不慎而染上毒品。2016 年 11 月初，小美从一男子处购买毒品吸食。11 月 15 日，民警在小美入住的宾馆房间将其抓获，当场从其皮鞋内搜出冰毒 15.61 克。法院经审理认为，其行为构成非法持有毒品罪。

9. 帮助他人藏匿毒品不违法？错！

根据《禁毒法》规定，包庇走私、贩卖、运输、制造毒品的犯罪分子，以及为犯罪分子窝藏、转移、隐瞒毒品或者犯罪所得财物，构成犯罪的，依法追究刑事责任；尚不构成犯罪的，依法给予治安管理处罚。

根据《刑法》规定，为犯罪分子窝藏、转移、隐瞒毒品或者犯罪所得的财物的，处 3 年以下有期徒刑、拘役或者管制；情节严重的，处 3 年以上 10 年以下有期徒刑。

案例：袁某明知其丈夫王某贩卖毒品，在民警搜查时，仍将王某藏在家里书架上的 49.04 克毒品转移、藏匿至楼下储藏室。法院经审理认定，袁某犯窝藏、转移毒品罪，判处有期徒刑 1 年。

10. 在食品中掺入毒品不违法？错！

案例：杜某是某小吃店老板，为了让顾客“吃完还想来”，在其售卖的卤制食品中掺入毒品吗啡。法院经审理认定，杜某的行为构成生产、销售有毒、有害食品罪，依法判处其有期徒刑 7 个月，并处罚金人民币 10000 元。

图书在版编目 (CIP) 数据

最活泼有趣的法律书．马米禁毒记 / 朴琳琳著．— 北京：中国法制出版社，2021.5（2024.11 重印）

（青少年法律绘本系列）

ISBN 978-7-5216-1449-7

Ⅰ．①最… Ⅱ．①朴… Ⅲ．①法律－中国－儿童读物 Ⅳ．① D920.5

中国版本图书馆 CIP 数据核字（2021）第 077891 号

策划编辑：潘孝莉（editorwendy@126.com）

责任编辑：马春芳　　封面设计：李　宁　桃金娘

最活泼有趣的法律书．马米禁毒记

ZUI HUOPO YOUQU DE FALÜSHU. MAMI JINDUJI

著者 / 朴琳琳

插图 / 桃金娘

经销 / 新华书店

印刷 / 北京虎彩文化传播有限公司

开本 / 880 毫米 ×1230 毫米　32 开　　印张 / 3.25　字数 / 41 千

版次 / 2021 年 5 月第 1 版　　2024 年11月第 6 次印刷

中国法制出版社出版

书号 ISBN 978-7-5216-1449-7　　定价：25.00 元

北京市西城区西便门西里甲 16 号西便门办公区

邮政编码：100053　　传真：010-63141600

网址：http://www.zgfzs.com　　**编辑部电话：010-63141822**

市场营销部电话：010-63141612　　**印务部电话：010-63141606**

（如有印装质量问题，请与本社印务部联系。）